Eschenbach

Redewendungen Spanisch

Thomas Eschenbach

Redewendungen Spanisch

Dichos y expresiones en español

Bibliografische Information der Deutschen Nationalbibliothek: Die Deutsche Nationalbibliothek verzeichnet diese Publikation in der Deutschen Nationalbibliografie; detaillierte bibliografische Daten sind im Internet über www.dnb.de abrufbar.

© 2017 Thomas Eschenbach

Herstellung und Verlag:
BoD – Books on Demand, Norderstedt

ISBN 978-3-7431-9134-1

Vorwort

Das vorliegende Buch dient dem einfachen Erlernen der spanischen Redewendungen und Ausdrücke. Nur kurze und prägnante Redewendungen sind hier aufgeführt. Diese kann der Leser sofort aktiv anwenden. Wichtige Ausdrücke werden vereinzelt wiederholt. Noch unbekannte Redewendungen brauchen nicht mühevoll nachgeschlagen werden. Sie können durch Ausschlussverfahren einzelne Ausdrücke einüben oder die Übersetzungen auf derselben Seite unten nachlesen. Ein Muster für die Zuordnung der einzelnen spanischen Redewendungen zu deren Übersetzungen finden Sie auf den ersten beiden Seiten.

Herrn *Dr. Francisco Javier Casado Hebrard* möchte ich für seine Unterstützung ganz herzlich danken!

Redewendungen Spanisch

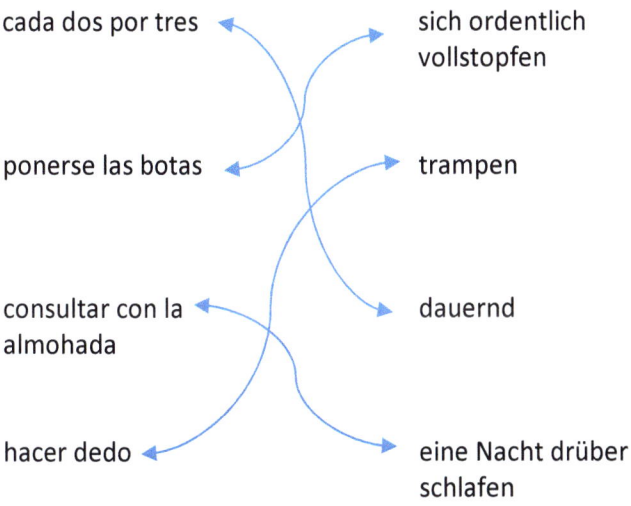

Lösung:
dauernd
sich ordentlich vollstopfen
eine Nacht drüber schlafen
trampen

Dichos y expresiones español

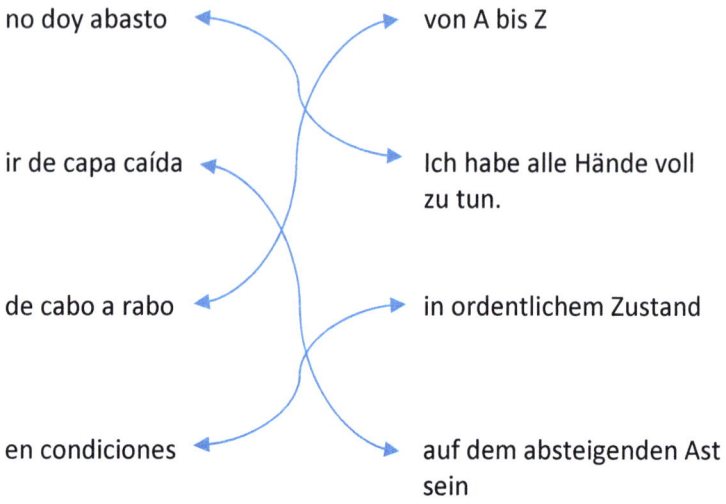

Spanish	German
no doy abasto	Ich habe alle Hände voll zu tun.
ir de capa caída	auf dem absteigenden Ast sein
de cabo a rabo	von A bis Z
en condiciones	in ordentlichem Zustand

Lösung:
Ich habe alle Hände voll zu tun.
auf dem absteigenden Ast sein
von A bis Z
in ordentlichem Zustand

Redewendungen Spanisch

tomar una copa	für alle Fälle
ni chicha ni limonada	Alkohol trinken
por si acaso	ausgeschlossen, kommt nicht in Frage
ni hablar	nicht Fisch, nicht Fleisch

Lösung:
Alkohol trinken
nicht Fisch, nicht Fleisch
für alle Fälle
ausgeschlossen, kommt nicht in Frage

Dichos y expresiones español

ir descaminado	auf der Stelle
en el acto	Einmal ist keinmal.
un día es un día	gesagt, getan
dicho y hecho	auf dem Holzweg sein

Lösung:
auf dem Holzweg sein
auf der Stelle
Einmal ist keinmal.
gesagt, getan

de chiripa	alles zu seiner Zeit
de aquí en adelante	zum Glück
cada cosa en su tiempo	zufällig
por suerte	von jetzt an

Lösung:
zufällig
von jetzt an
alles zu seiner Zeit
zum Glück

Dichos y expresiones español

es otro cantar	von Herzen gern
cambiar el disco	pausenlos, ohne Unterlass
con mil amores	das steht auf einem anderen Blatt
erre que erre	Themenwechsel

Lösung:
das steht auf einem anderen Blatt
Themenwechsel
von Herzen gern
pausenlos, ohne Unterlass

más feo que Picio	Schuld sein
tener la culpa	potthäßlich
de ahora en adelante	sauteuer
costar un huevo	von jetzt an

Lösung:
potthäßlich
Schuld sein
von jetzt an
sauteuer

Dichos y expresiones español

de todas formas	eingebildet sein
en balde	vergeblich
tener muchus humos	wie auch immer
a la larga	auf lange Sicht

Lösung:
wie auch immer
vergeblich
eingebildet sein
auf lange Sicht

Redewendungen Spanisch

despedirse a la francesa	auf den ersten Blick
al primer golpe	Ich haue ab.
echar de menos	gehen, ohne sich zu verabschieden
me largo	vermissen

Lösung:
gehen, ohne sich zu verabschieden
auf den ersten Blick
vermissen
Ich haue ab.

Dichos y expresiones español

dar la lata	auf den Nerv gehen
estar al día	drunter und drüber
manga por hombro	gut erzogen
de buenas formas	auf dem Laufenden sein

Lösung:
auf den Nerv gehen
auf dem Laufenden sein
drunter und drüber
gut erzogen

a fondo	Däumchen drehen
hacer manitas	gründlich
a sabiendas	wissentlich
rascarse la barriga	Händchen halten

Lösung:
gründlich
Händchen halten
wissentlich
Däumchen drehen

Dichos y expresiones español

ida y vuelta	mit gutem Beispiel vorangehen
nunca es tarde si la dicha es buena	sich pudelwohl fühlen
estar en su salsa	Ende gut, alles gut.
dar ejemplo	hin und zurück

Lösung:
hin und zurück
Ende gut, alles gut.
sich pudelwohl fühlen
mit gutem Beispiel vorangehen

tener mal beber	Scher dich zum Teufel.
tener la sartén por el mango	Verhandlungsgeschick besitzen
tener cintura	Alkohol nicht vertragen
¡Vete a freír esparragos!	die Zügel fest in der Hand haben

Lösung:
Alkohol nicht vertragen
die Zügel fest in der Hand haben
Verhandlungsgeschick besitzen
Scher dich zum Teufel.

Dichos y expresiones español

como siga así	auf anderer Leute Kosten leben
vivir de gorra	Es wird nichts so heiß gegessen, wie es gekocht wird.
del dicho al hecho hay mucho trecho	den Kanal voll haben
estar hasta el gorro	wenn das so weitergeht

Lösung:
wenn das so weitergeht
auf anderer Leute Kosten leben
Es wird nichts so heiß gegessen, wie es gekocht wird.
den Kanal voll haben

Redewendungen Spanisch

ir al otro barrio	eine Ausnahme machen
hacer una excepción	Aus der Traum.
mi gozo en un pozo	sterben
hacerse a la idea	sich mit einem Gedanken anfreunden

Lösung:
sterben
eine Ausnahme machen
Aus der Traum.
sich mit einem Gedanken anfreunden

Dichos y expresiones español

es coser y cantar	achtgeben
tener cuidado	verdächtig
llevar la batuta	kinderleicht
dar mal espina	sagen, wo es langgeht

Lösung:
kinderleicht
achtgeben
sagen, wo es langgeht
verdächtig

mala leche	ohne einen Cent
sin blanca	nötig sein
tener gracia	schlecht gelaunt
hacer falta	lustig sein

Lösung:
schlecht gelaunt
ohne einen Cent
lustig sein
nötig sein

Dichos y expresiones español

sea como sea	die ganze Nacht kein Auge zutun
pasar la noche en vela	sich kundig machen
ponerse al día	seinen Sinn haben
tener miga	wie auch immer

Lösung:
wie auch immer
die ganze Nacht kein Auge zutun
sich kundig machen
seinen Sinn haben

con la lengua fuera	Aus den Augen, aus dem Sinn.
quien fue a Sevilla perdió su silla	mit hängender Zunge
ir de cabeza	tuntig sein
tener pluma	verrückt werden

Lösung:
mit hängender Zunge
Aus den Augen, aus dem Sinn.
verrückt werden
tuntig sein

Dichos y expresiones español

sin falta	Das kommt mir bekannt vor.
costar un ojo de la cara	auf jeden Fall, unbedingt
me suena	finanziell ruiniert sein
venir a menos	ein Heidengeld kosten

Lösung:
auf jeden Fall, unbedingt
ein Heidengeld kosten
Das kommt mir bekannt vor.
finanziell ruiniert sein

Redewendungen Spanisch

no faltaba más	zur Sache kommen
ir al grano	die Meinung ändern
cambiar de idea	das hat gerade noch gefehlt
¡Está sí!	Das nehme ich!

Lösung:
das hat gerade noch gefehlt
zur Sache kommen
die Meinung ändern
Das nehme ich!

Dichos y expresiones español

echar leña al fuego

Es reicht!

¡Ya está bien!

nicht ohne sein

¡Yo qué sé!

Öl aufs Feuer gießen

tener su aquel

Was wieß ich!

Lösung:
Öl aufs Feuer gießen
Es reicht!
Was wieß ich!
nicht ohne sein

ni puta idea	ich an deiner Stelle
hacerse el sueco	sich dumm stellen
yo que tú	null Ahnung
tener algo en mente	im Hinterkopf haben

Lösung:
null Ahnung
sich dumm stellen
ich an deiner Stelle
im Hinterkopf haben

Dichos y expresiones español

ni hablar	auf jeden Fall, unbedingt
tener vista de lince	auf keinen Fall
en absoluto	ausgeschlossen
sin falta	ein Adlerauge haben

Lösung:
ausgeschlossen
ein Adlerauge haben
auf keinen Fall
auf jeden Fall, unbedingt

tener mono	das ist eine Redensart
es un decir	Wie schade!
por lo visto	offensichtlich
Es una pena.	Entzugserscheinungen haben

Lösung:
Entzugserscheinungen haben
das ist eine Redensart
offensichtlich
Wie schade!

Dichos y expresiones español

lo mismo da				eine Affäre haben

guardar la línea			haargenau

tener un lío				das ist egal

a rajatabla				auf die schlanke Linie achten

Lösung:
das ist egal
auf die schlanke Linie achten
eine Affäre haben
haargenau

Redewendungen Spanisch

tomar una decisión	eine Entscheidung treffen
me da igual	ist mir egal
¡No es para tanto!	die Katze im Sack kaufen
comprar a ciegas	Halb so schlimm!

Lösung:
eine Entscheidung treffen
ist mir egal
Halb so schlimm!
die Katze im Sack kaufen

Dichos y expresiones español

comprar fiado	Ein schönes Durcheinander!
¡Vaya lío!	total groggy sein
estar hecho migas	leid tun
dar pena	auf Pump kaufen

Lösung:
auf Pump kaufen
Ein schönes Durcheinander!
total groggy sein
leid tun

de improsivo	das Fest verderben
aguar la fiesta	Geld zusammenlegen
hacer un mocho	plötzlich
pasarlas moradas	Schlimmes durchmachen

Lösung:
plötzlich
das Fest verderben
Geld zusammenlegen
Schlimmes durchmachen

Dichos y expresiones español

estar en forma	fit sein
estar a loro	das Blaue vom Himmel versprechen
el oro y el moro	ausgeschlossen
ni hablar	auf dem Laufenden sein

Lösung:
fit sein
auf dem Laufenden sein
das Blaue vom Himmel versprechen
ausgeschlossen

llover a cántaros	sehr müde sein
estar molido	fürchterlich kalt
cada oveja con su pareja	aus Kübeln gießen
un frío que pela	Gleich und gleich gesellt sich gern.

Lösung:
aus Kübeln gießen
sehr müde sein
Gleich und gleich gesellt sich gern.
fürchterlich kalt

Dichos y expresiones español

dejado de la mano de Dios	unverschähmt sein
tener cara	lass den Quatsch
déjate de pamplinas	unter großen Mühen
a duras penas	von allen guten Geistern verlassen

Lösung:
von allen guten Geistern verlassen
unverschähmt sein
lass den Quatsch
unter großen Mühen

merece la pena	Lieber spät als nie.
tener mala cara	es lohnt sich
venir de perlas	sauer sein
más vale tarde que nunca	wie gerufen kommen

Lösung:
es lohnt sich
sauer sein
wie gerufen kommen
Lieber spät als nie.

Dichos y expresiones español

estar en filas	außer sich
fuera de sí	in der Armee sein
por si las moscas	irre teuer sein
estar por las nubes	für alle Fälle

Lösung:
in der Armee sein
außer sich
für alle Fälle
irre teuer sein

de inmediato	sofort
hacer caso a	Rausch ausschlafen
dormir la mona	das Paradies auf Erden versprechen
prometer este mundo y el otro	auf jemanden hören

Lösung:
sofort
auf jemanden hören
Rausch ausschlafen
das Paradies auf Erden versprechen

Dichos y expresiones español

listo como el hambre	kaum zu glauben
Tiene que llover mucho.	Not macht erfinderisch.
parece mentira	den Braten riechen
olerse la tostada	Es muss noch viel Wasser den Bach runterfließen.

Lösung:
Not macht erfinderisch.
Es muss noch viel Wasser den Bach runterfließen.
kaum zu glauben
den Braten riechen

voy tirando	Einwände haben
entre ceja y ceja	ich wurschtel mich so durch
poner peros	mit Hängen und Würgen
a trancas y barrancas	dickköpfig

Lösung:
ich wurschtel mich so durch
dickköpfig
Einwände haben
mit Hängen und Würgen

Dichos y expresiones español

tocar madera	abgemacht
en pelotas	nackt
¡Trato hecho!	auf Holz klopfen
¡Qué rollo!	Wie langweilig!

Lösung:
auf Holz klopfen
nackt
abgemacht
Wie langweilig!

Redewendungen Spanisch

no entender ni jota	nicht den blassesten Schmimmer haben
no tener pelos en la lengua	im Keller sein
estar por los suelos	Weitblick besitzen
tener (muchas) miras	kein Blatt vor den Mund nehmen

Lösung:
nicht den blassesten Schmimmer haben
kein Blatt vor den Mund nehmen
im Keller sein
Weitblick besitzen

Dichos y expresiones español

jugar limpio	vom Regen in die Traufe
de mal en peor	schlafen wie ein Stein
es lo de menos	das ist das geringste
dormir como un tronco	Fair Play

Lösung:
Fair Play
vom Regen in die Traufe
das ist das geringste
schlafen wie ein Stein

Redewendungen Spanisch

tener ganas	ein Herz und eine Seele sein
ser uña y carne	unternehmungslustig sein
cabeza de turco	Lust haben
tener marcha	Sündenbock

Lösung:
Lust haben
ein Herz und eine Seele sein
Sündenbock
unternehmungslustig sein

Dichos y expresiones español

¡No te preocupes!	haarscharf, ganz knapp
por los pelos	Hunde die bellen, beißen nicht.
perro ladrador, poco mordedor	einen Kater haben
tener resaca	Mach dir keine Sorgen!

Lösung:
Mach dir keine Sorgen!
haarscharf, ganz knapp
Hunde die bellen, beißen nicht.
einen Kater haben

Redewendungen Spanisch

echar una mano	jemanden die Ohren vollquatschen
tener mal genio	reizbar sein
pegar la hebra	Vitamin B haben
tener enchufe	helfen

Lösung:
helfen
reizbar sein
jemanden die Ohren vollquatschen
Vitamin B haben

Dichos y expresiones español

saber a gloria	ein Glück, dass
menos mal que	köstlich schmecken
estar como pez en el agua	das gewisse Etwas haben
tener duende	sich pudelwohl fühlen

Lösung:
köstlich schmecken
ein Glück, dass
sich pudelwohl fühlen
das gewisse Etwas haben

noy hay mal que cien años dure	schaffen wie ein Ochse
currar como un negro	haargenau
con pelos y señales	tief und fest schlafen
dormir a pierna suelta	Die Zeit heilt alle Wunden.

Lösung:
Die Zeit heilt alle Wunden.
schaffen wie ein Ochse
haargenau
tief und fest schlafen

Dichos y expresiones español

hacer la maletta	Wer A sagt, muss auch B sagen.
llamar al pan, pan y al vino, vino	Koffer packen
A lo hecho, pecho.	hohes Tier
pez gordo	etwas klipp und klar sagen

Lösung:
Koffer packen
etwas klipp und klar sagen
Wer A sagt, muss auch B sagen.
hohes Tier

perder el hilo	wenigstens
hoy en día	Wo ein Wille ist, ist auch ein Weg.
por los menos	den Faden verlieren
querer es poder	heutzutage

Lösung:
den Faden verlieren
heutzutage
wenigstens
Wo ein Wille ist, ist auch ein Weg.

Dichos y expresiones español

poner la mano encima	Muttersöhnchen
hijo de papá	die Hand drauf haben
al pie de la letra	wortwörtlich
de puta madre	erste Sahne

Lösung:
die Hand drauf haben
Muttersöhnchen
wortwörtlich
erste Sahne

calado hasta los huesos	von A bis Z
para colmo	benebelt sein
estar en las nubes	nass bis auf die Haut
de pe a pa	zu allem Überfluss

Lösung:
nass bis auf die Haut
zu allem Überfluss
benebelt sein
von A bis Z

Dichos y expresiones español

de higos a brevas	jemanden vorbeilassen
hombre de paja	hier und da, recht selten
dar paso a alguien	über einen Kamm scheren
cortados por el mismo patrón	Strohmann

Lösung:
hier und da, recht selten
Strohmann
jemanden vorbeilassen
über einen Kamm scheren

Redewendungen Spanisch

la hora de la verdad	sich vor Lachen bepinkeln
mearse de risa	Schlange stehen
hacer cola	fast, knapp
por poco	Stunde der Wahrheit

Lösung:
Stunde der Wahrheit
sich vor Lachen bepinkeln
Schlange stehen
fast, knapp

Dichos y expresiones español

dar en el clavo — sich verabreden

tener malas pulgas — Schule schwänzen

quedar con alguien — den Nagel auf den Kopf treffen

hacer pellas — sehr ungeduldig sein

Lösung:
den Nagel auf den Kopf treffen
sehr ungeduldig sein
sich verabreden
Schule schwänzen

dar coba	Honig ums Maul schmieren
estar hecho a algo	den Bogen überspannnen
pasarse de la raya	gewohnt sein
vete a saber	weiß der Henker

Lösung:
Honig ums Maul schmieren
gewohnt sein
den Bogen überspannnen
weiß der Henker

Dichos y expresiones español

hecho cisco	vorläufig
por lo pronto	in Schach halten
tener a raya	etwas verschlafen
pegársele a uno las sábanas	kaputt

Lösung:
kaputt
vorläufig
in Schach halten
etwas verschlafen

pagar el pato	die Suppe auslöffeln
poner con	einen Termin machen
qué sé yo	verbinden mit ... (Tel.)
pedir cita	was weiß ich

Lösung:
die Suppe auslöffeln
verbinden mit ... (Tel.)
was weiß ich
einen Termin machen

Dichos y expresiones español

a manos llenas	mit vollen Händen
ser el coco	kaputt
meter la pata	der Bösewicht sein
hecho polvo	ins Fettnäpchen treten

Lösung:
mit vollen Händen
der Bösewicht sein
ins Fettnäpchen treten
kaputt

consultar con la almohada	zu später Stunde
un hombre hecho y derecho	eine Nacht drüber schlafen
a altas horas	ein rechter Kerl
sobre la marcha	im Eifer des Gefechts

Lösung:
eine Nacht drüber schlafen
ein rechter Kerl
zu später Stunde
im Eifer des Gefechts

Dichos y expresiones español

eso es harina de otro costal	von heute an
no dar ni golpe	im Schenckentempo
de hoy en adelante	keinen Finger rühren
a paso de tortuga	Das steht auf einem anderen Blatt.

Lösung:
Das steht auf einem anderen Blatt.
keinen Finger rühren
von heute an
im Schenckentempo

sin más ni más	Pech
paso por paso	sich ins Geschehen stürzen
mala pata	ohne Wenn und Aber
meterse en el ajo	Schritt für Schritt

Lösung:
ohne Wenn und Aber
Schritt für Schritt
Pech
sich ins Geschehen stürzen

Dichos y expresiones español

haber un hueco	Ich kann nicht mehr.
fuerza mayor	ein freier Platz
no puedo con mi alma	einen Haufen Geld ausgeben
gastar un pastón	höhere Gewalt

Lösung:
ein freier Platz
höhere Gewalt
Ich kann nicht mehr.
einen Haufen Geld ausgeben

cada dos por tres	sich ordentlich vollstopfen
ponerse las botas	trampen
consultar con la almohada	dauernd
hacer dedo	eine Nacht drüber schlafen

Lösung:
dauernd
sich ordentlich vollstopfen
eine Nacht drüber schlafen
trampen

Dichos y expresiones español

no doy abasto

von A bis Z

ir de capa caída

Ich habe alle Hände voll zu tun.

de cabo a rabo

in ordentlichem Zustand

en condiciones

auf dem absteigenden Ast sein

Lösung:
Ich habe alle Hände voll zu tun.
auf dem absteigenden Ast sein
von A bis Z
in ordentlichem Zustand